Impressum
Verlag: BABADADA GmbH, Nedderfeld 112 , 22529 Hamburg
Geschäftsführer / Verlagsleitung: Harald Hof
Druck: Books on Demand GmbH, In de Tarpen 42, 22848 Norderstedt

Imprint
Publisher: BABADADA GmbH, Nedderfeld 112 , 22529 Hamburg, Germany
Managing Director / Publishing direction: Harald Hof
Print: Books on Demand GmbH, In de Tarpen 42, 22848 Norderstedt, Germany

ښوونځی

sekolah

کڅوړه
beg galas

د پنسل بکسه
kotak pensel

پنسل
pensel

پنسل تراش
pengasah pensel

ربړ
pemadam

د رسامۍ پاڼه
kertas lukisan

رسامي

melukis

د نقاشۍ برس

berus lukis

د نقاشۍ بکس

kotak warna

قیچي

gunting

سریښ

gam

د تمرین کتاب

buku latihan

کورنۍ دنده

kerja rumah

شمیر

nombor

جمع

tambah

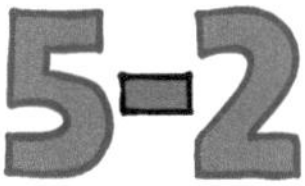

منفي

tolak

ضرب

darab

حساب

kira

توری

huruf

الفبا

abjad

کلمه

kata

متن
....
teks

لوستل
....
baca

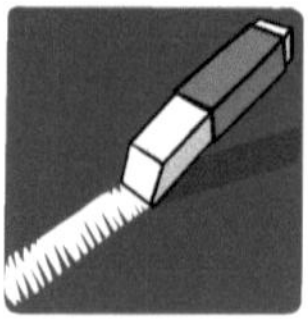

تباشير
....
kapur

درس
....
pelajaran

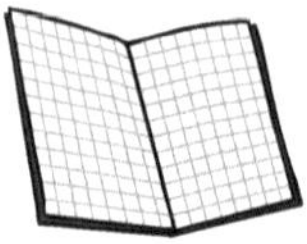

راجستر
....
daftar

ازموينه
....
peperiksaan

تصديق پاڼه
....
sijil

د ښوونځي يونيفارم
....
uniform sekolah

تعليم
....
pendidikan

دايره المعارف
....
ensiklopedia

پوهنتون
....
universiti

مايکروسکوپ
....
mikroskop

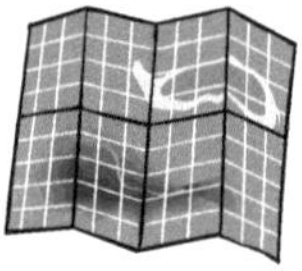

نقشه
....
peta

اشغالدانی
....
bakul sampah

سفر
berjalan

ژبه

bahasa

هو/نه

ya / tidak

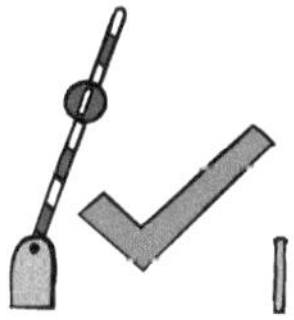

سمه ده

okey

سلام

helo

ژباړونکی

penterjemah

مننه

Terima kasih

څومره دي...؟
....
berapa banyak...?

زه نه پوهيږم
....
saya tidak faham

ستونزه
....
masalah

ماښام مو پخير!
....
Selamat petang!

سهار په خير!
....
Selamat Pagi!

شپه په خير!
....
Selamat Malam!

په مخه مو ښه
....
selamat tinggal

لارښود
....
arah

سامان
....
bagasi

بیک
....
beg

شاتنی بکس
....
beg galas

میلمه
....
tetamu

خونه
....
bilik tidur

د خوب کڅوړه
....
beg tidur

خیمه
....
khemah

د توریزم معلومات

....

maklumat pelancong

ساحل

....

pantai

کریډیټ کارټ

....

kad kredit

ناری

....

sarapan

د غرمې خواړه

....

makan tengah hari

د شپې خواړه

....

makan malam

ټیکټ

....

tiket

لفټ

....

lif

مهر

....

setem

پوله

....

sempadan

ګمرک

....

kastam

سفارت

....

kedutaan

ویزه

....

visa

پاسپورټ

....

pasport

ټرانسپورټ

pengangkutan

کښتۍ

feri

کښتۍ

bot

موټرسایکل

motosikal

د پولیسو موټر

kereta polis

د ریس موټر

kereta lumba

کرایي موټر

kereta sewa

د کرایه موټري
....
berkongsi kereta

جرثقیل لرونکی ټرک
....
trak tunda

ریفیوز ټرک
....
trak menolak

موټر
....
motor

سونک توکي
....
bahan api

پټرول سټیشن
....
stesen minyak

ترافیکي نښه
....
tanda trafik

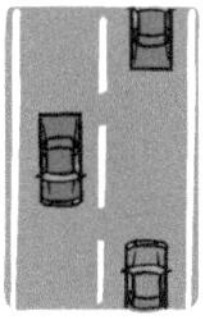

ترافیک
....
trafik

جام ترافیک
....
kesesakan lalu lintas

د موټرو تمځای
....
tempat parkir

د ریل سټیشن
....
stesen kereta api

پاټکي
....
trek

ریل
....
kereta api

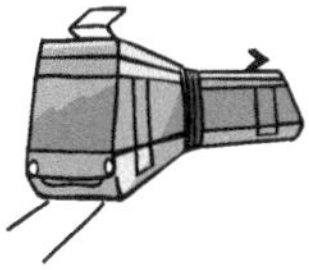

ټرام
....
trem

واګون
....
gerabak

چورلكه

helikopter

هوايي دگـر

lapangan terbang

برج

Menara

مسافر

penumpang

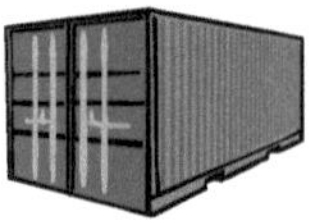

كانتينر

bekas

كارتون

kadbod

كارت

kart

توكرى

bakul

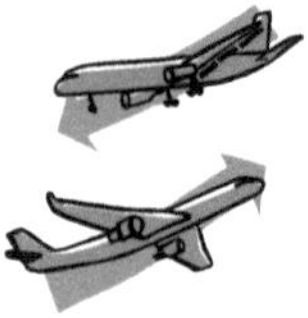

الوتنه كول/كبن‌يناستل

berlepas / mendarat

بنار

bandar

كلى

kampung

د بنار مركز

pusat bandar

كور

rumah

کوډله

pondok

اپارتمان

flat

د ریل سټیشن

stesen kereta api

ټاون هال

dewan bandar

میوزیم

muzium

ښوونځی

sekolah

پوهنتون

universiti

بانک

bank

روغتون

hospital

هوټل

hotel

درملتون

farmasi

دفتر

pejabat

کتاب پلورنځی

kedai buku

پلورنځی

kedai

د ګلانو پلورنځی

kedai bunga

لوی پلورنځی

pasar raya

مارکیټ

pasaran

د ډیپارټمنټ سټور

gedung

کب پلورنځی

penjual ikan

د پلور مرکز

pusat membeli-belah

لنګرتون

pelabuhan

پارک

taman

بینچ

bangku

پل

jambatan

زینه

tangga

د ځمکي لاندي

bawah tanah

تونل

terowong

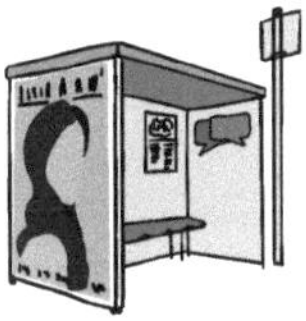

بس تمځای

hentian bas

بار

bar

ریسټورانټ

restoran

پوست بکس

peti surat

د کوڅې نښه

papan tanda jalan

د پارک کولو میټر

meter parkir

ژوبڼ

zoo

د لامبو حوض

kolam renang

مسجد

masjid

کرونده

ladang

ناپاکي

pencemaran

هدیره

tanah perkuburan

چرچ

gereja

د لوبو ډګر

taman permainan

معبد/کلیسا

kuil

منظره

landskap

دره
....
lembah

غونډۍ
....
bukit

ناور
....
tasik

ځنګل
....
hutan

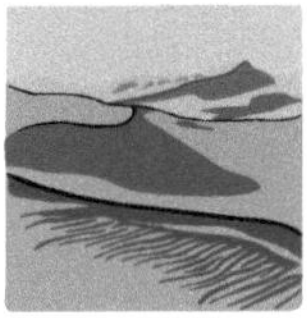

دښته
....
padang pasir

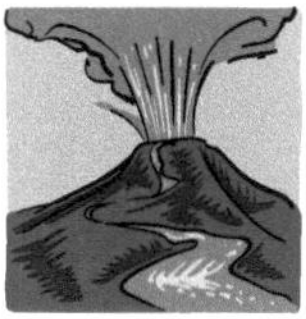

اورشیندی
....
gunung berapi

کلا
....
istana

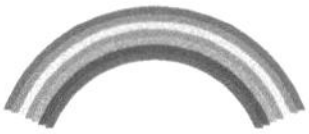

رنګین کمان
....
pelangi

مرخيري
....
cendawan

پلم ونه
....
pokok kelapa sawit

ماشي
....
nyamuk

الو تل
....
terbang

میږی
....
semut

مچی
....
lebah

غونډل/جولا
....
labah-labah

کونګټ

kumbang

چونګښه

katak

نولی

tupai

زیږکی

landak

سوی

arnab

کونګ

burung hantu

مرغی

burung

قازه

angsa

نرخوګ

babi jantan

هوسی

rusa

ګاوزه

moose

بند

empangan

بادي توربين

turbin angin

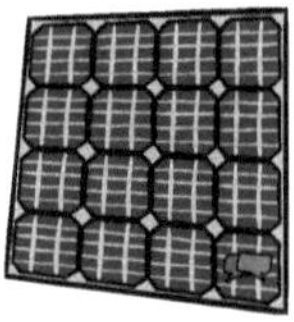

سولر تختي

panel solar

اقليم

iklim

ریسټورانټ

restoran

ستارټر

....

pemula

اصلي خواړه

....

hidangan utama

شیریني

....

pencuci mulut

څښاک

....

minuman

خواړه

....

makanan

بوتل

....

botol

فاسټ فوډ

makanan segera

د کوڅې خواړه

makanan jalanan

چای جوش

teko

قندانی

mangkuk gula

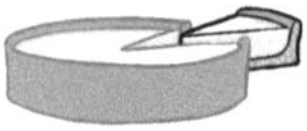

برخه

bahagian

اسپرسو مشین

mesin espreso

لوړه چوکی

kerusi tinggi

رسید

bil

مجمه

dulang

چاکو

pisau

پنجه

garfu

قاشق

sudu

چای قاشق

sudu teh

سورویت

serviette

گــلاس

gelas

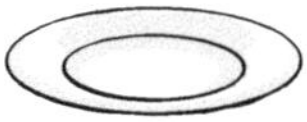

پلیټ
....
pinggan

د سوپ پلیټ
....
mangkuk sup

نالبکی
....
piring

ساس
....
sos

مالګه شیندونکی
....
tempat garam

د مرچ ټکولو لوخی
....
pengisar lada

سرکه
....
cuka

غوړي
....
minyak

مساله
....
rempah

کچ اپ
....
sos

شرشم
....
mustard

چکه
....
mayones

لوی پلورنځی

pasar raya

قصابي

tukang daging

نانوایی

kedai roti

وزن کول

berat

سبزیجات

sayur-sayuran

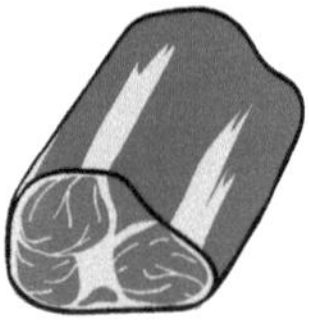

غوښه

daging

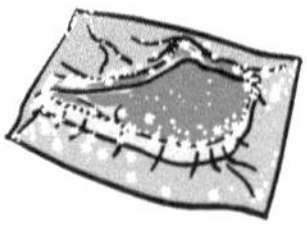

کنګل خواړه

makanan sejuk beku

يخه غوښه
....
daging sejuk

کنسروا خواړه
....
makanan dalam tin

د مينځلو پوډر
....
serbuk pencuci

شيريني
....
gula-gula

کورني توليدات
....
produk isi rumah

د پاکولو محصولات
....
produk pembersihan

د پلور فرد
....
orang jualan

د نغدي راجستر
....
daftar tunai

صراف
....
juruwang

د پيرود ليست
....
senarai membeli-belah

کاري ساعتونه
....
waktu pembukaan

بټوه
....
beg duit

کريډيټ کارټ
....
kad kredit

کڅوړه
....
beg

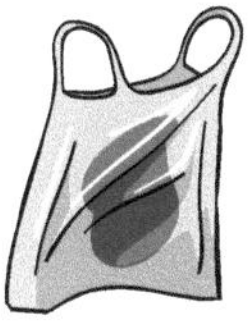

پلاستيک کڅوړه
....
beg plastik

څښاک
minuman

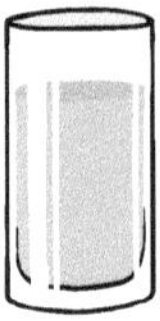

اوبه

air

جوس

jus

شیده

susu

کوک

kola

واین

wain

بیر

bir

الکول

alkohol

ککاو

koko

چای

the

کافي

kopi

اسپرسو

espreso

کپچینو

kapucino

كيله

pisang

مڼه

epal

نارنج

oren

هندوانه

tembikai

ليمو

lemon

گازره

lobak merah

هوږه

bawang putih

بانكس

buluh

پياز

bawang

مرخيړي

cendawan

چغزی

kacang

آش

mi

سپيګټي

....

spageti

وريجې

....

nasi

سلاد

....

salad

چپس

....

kerepek

سره کړي کچالو

....

kentang goreng

پيزا

....

piza

همبرګر

....

hamburger

ساندویچ

....

sandwic

کتره

....

kutlet

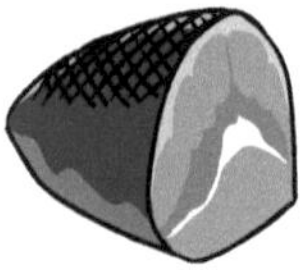

د پتون غوښه

....

ham

سلمي

....

salami

ساسج

....

sosej

چرګ

....

ayam

روسټ

....

panggang

کب

....

ikan

د وربشي شيرني

....

bubur oat

موسلي

....

muesli

د جوار پلی

....

emping jagung

اوړه

....

tepung

کروسانت

....

kroisan

د ډوډی رول

....

roti roll

ډوډی

....

roti

ټوسټ

....

roti bakar

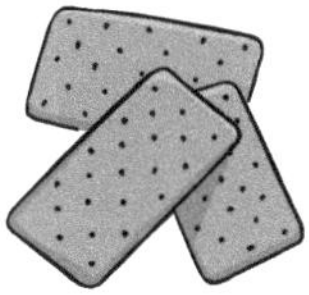

بسکیټ

....

biskut

کوچ

....

mentega

چکه

....

dadih

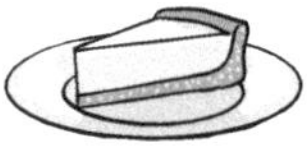

کیک

....

kek

هګی

....

telur

پښي هګی

....

telur goreng

پنیر

....

keju

آیس کریم

ais krim

بوره

gula

شهد

madu

مربا

jem

نوگات کریم

krim nougat

کورکمان

kari

وزه

kambing

غوا

lembu

خوسکی

anak lembu

خوګ

babi

د خوګ بچی

anak babi

غویی

lembu

بته

angsa

هیلی

itik

چرګوری

anak ayam

چرګه

ayam betina

بانګي

ayam jantan muda

سارای موږک

tikus

پیشک

kucing

موږک

tikus

غویی

lembu jantan

سپی

anjing

د سپي خونه

rumah anjing

د باغ هوز

hos taman

د اوبو لوخی

bekas siraman

لور (داس)

sabit

یوی

bajak

لور

sabit

رمبی

cangkul

ښاخی

serampang peladang

تبر

kapak

کراچی

kereta sorong

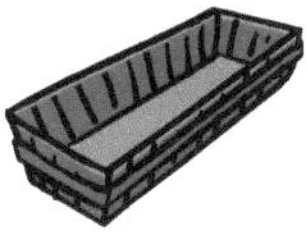

ناوه

palung

د شیدو لوخی

tin susu

جوال

karung

کټاره

pagar

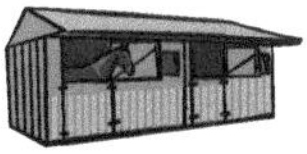

مضبوط

stabil

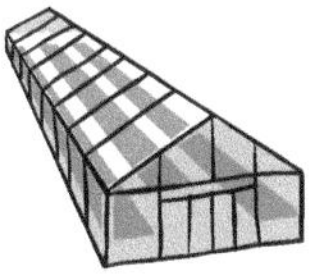

شنه خونه

rumah hijau

خاوره

tanah

تخم

benih

سره/کود

baja

کډ ریبونکی ماشین

jentuai

زیرمه کول

tuai

درمند

menuai

خواږه کچالو

keladi

غنم

gandum

سویا

soya

کچالو

kentang

جوار

jagung

نباتي تخم

biji sawi

د میوي ونه

pokok buah-buahan

مانیوک

ubi kayu

غله

bijirin

کور

rumah

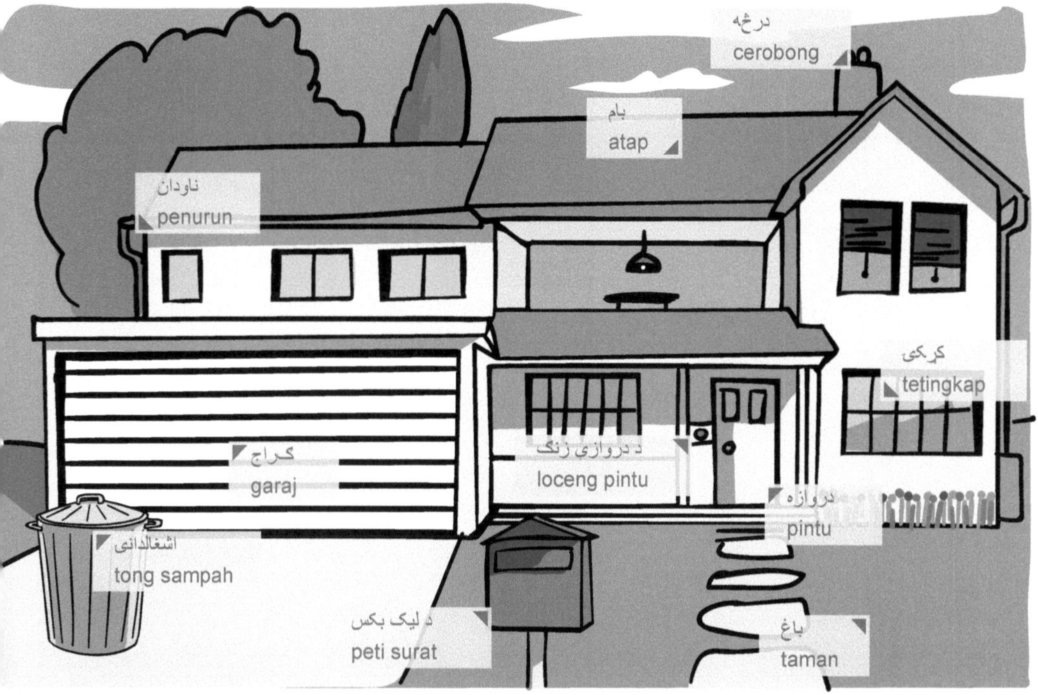

د اوسیدو خونه
....
ruang tamu

حمام
....
bilik air

پخلنځی
....
dapur

د ویده کیدو خونه
....
bilik tidur

د ماشوم خونه
....
bilik kanak-kanak

د خوړو خونه
....
ruang makan

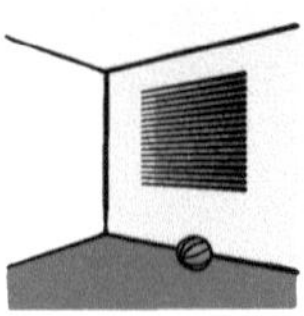

فرش

lantai

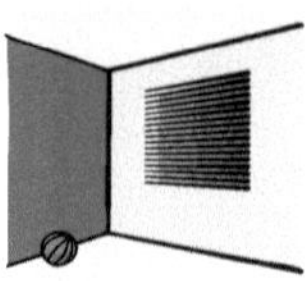

دیوال

dinding

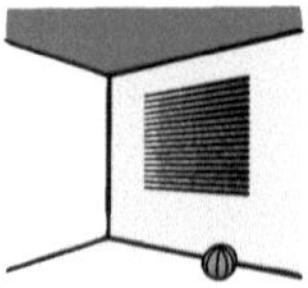

چت

siling

زیرخانه

bilik bawah tanah

سونا

sauna

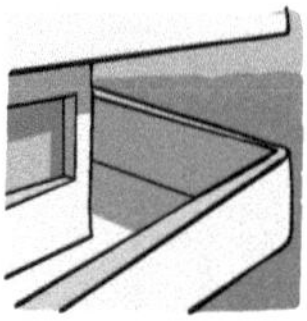

بالکوني

balkoni

ټراس

teres

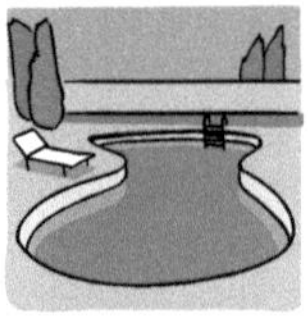

حوض

kolam renang

د چمن وهلو ماشین

pemotong rumput

شیټ

lembaran

روجایی

penutup tilam

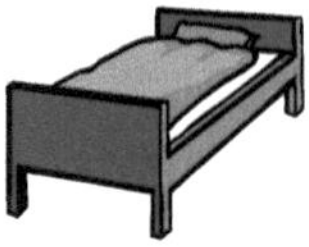

تخت

katil

جارو

penyapu

بوکه

timba

سویچ

suis

د اوسیدو خونه

ruang tamu

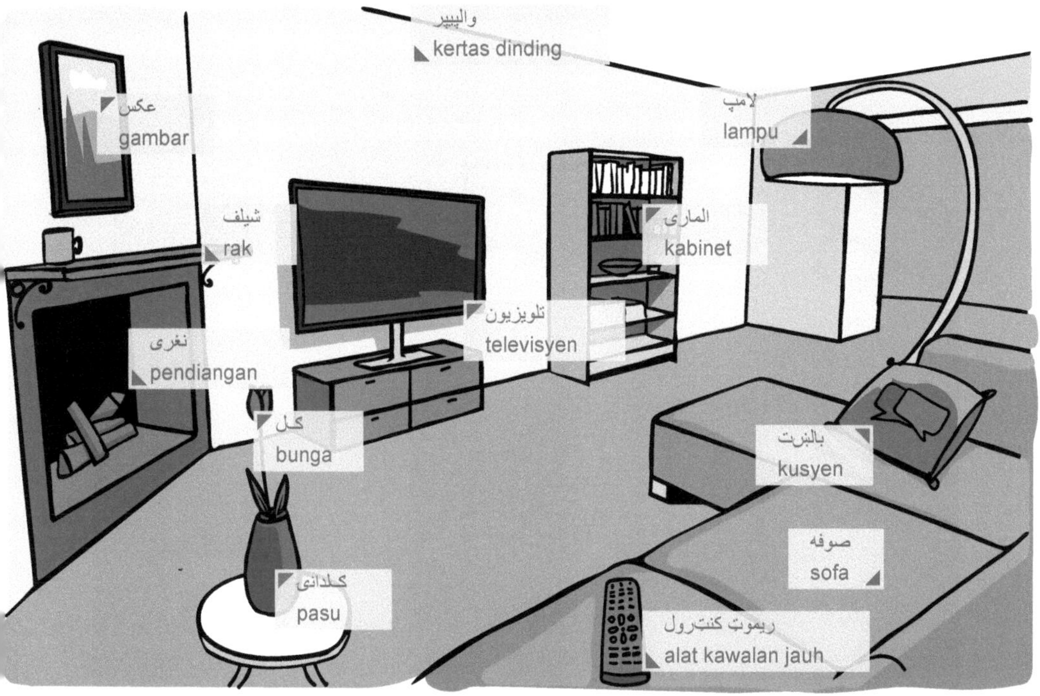

غالی
....
permaidani

پرده
....
tirai

میز
....
meja

چوکی
....
kerusi

تاویدونکي چوکی
....
kerusi malas

بازو لرونکی چوکی
....
kerusi

کتاب

buku

کمپل

selimut

ډیکوریشن

hiasan

د اور لرګي

kayu api

فلم

filem

هایفای

hi-fi

کلي

kunci

ورځپاڼه

akhbar

نقاشي

lukisan

پوسټر

poster

راډیو

radio

کتابچه

buku catatan

واکیوم جارو

penyedut habuk

کاکتوس

kaktus

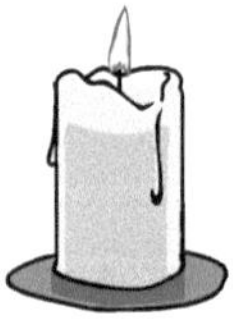

شمع

lilin

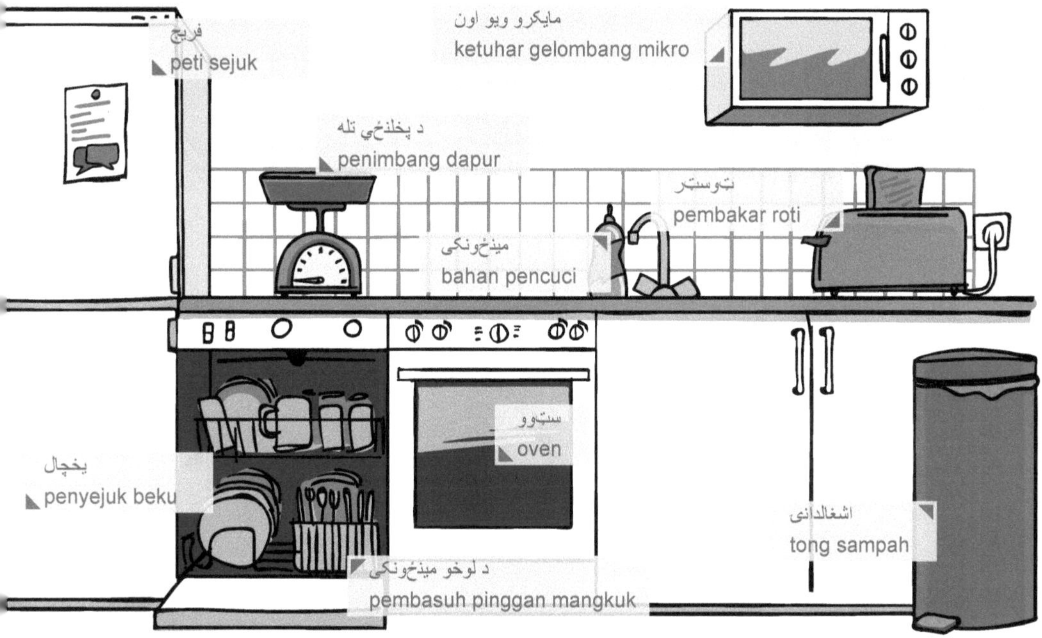

دیگ بخار
periuk dapur

لوخی
periuk

چدني لوخی
periuk besi

ووک
kuali

د تلي په
pan

چای جوش
cerek

د بخار دیګ

pengukus

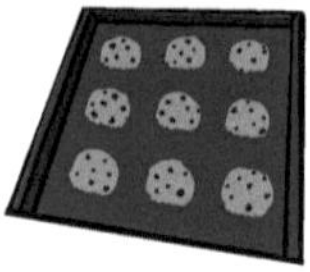

پتنوس

dulang pembakar

لوخي

pinggan mangkuk

مګ

koleh

کاسه

mangkuk

د رانیولو اوزار

penyepit

څمڅۍ

senduk

کفګیر

spatula

پاکونکی

pengadun

صافي

penapis

غلبیل

ayak

ګریټر

pemarut

اونګ

mortar

بار بي کیو

barbeku

خلاص اور

pembakaran terbuka

تخته

papan pencincang

هوارونکی

pin golekan

کارک سکریو

skru gabus

ټیم

tin

د ټیم خلاصونکی

pembuka tin

د لوخي ټوټه

pemegang periuk

ظرف شوی

sinki

برس

berus

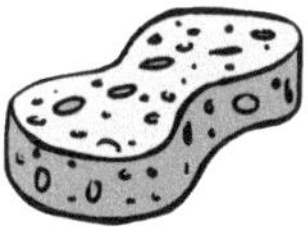

سپنج

span

بلیندر

pengisar

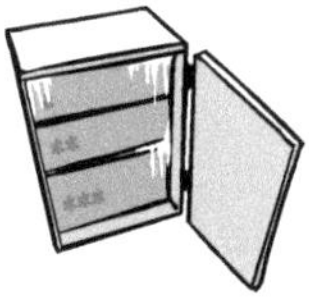

ژور یخچال

penyejuk beku

د ماشوم بوتل

botol bayi

نل

paip

حمام

bilik air

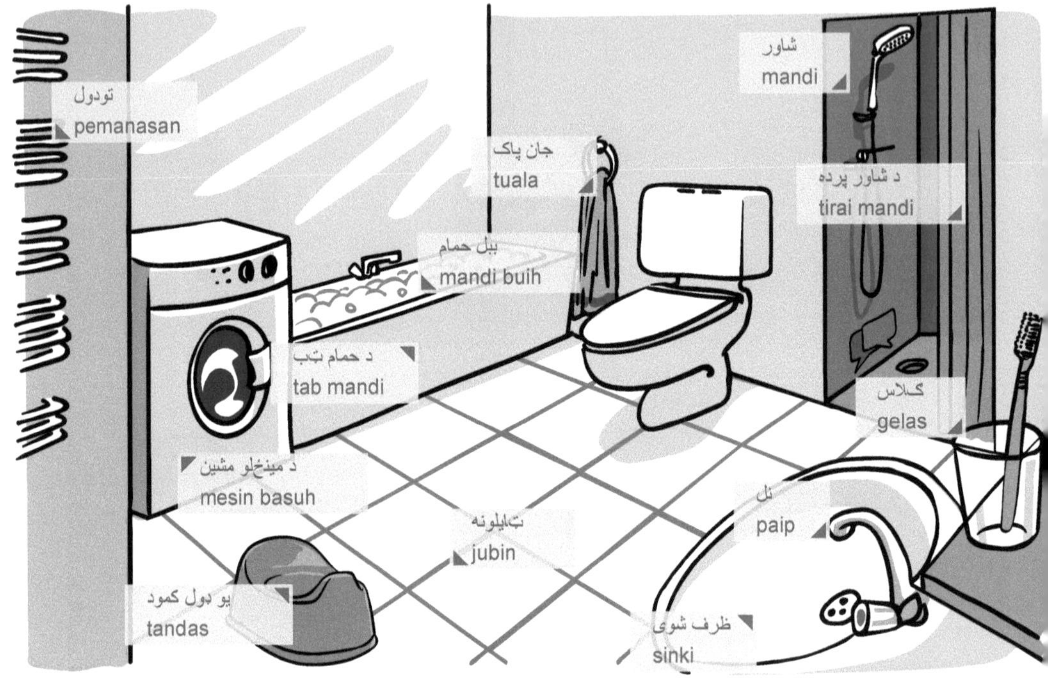

تشناب

tandas

فرشي کموډ

tandas mencangkung

کموډ

mangkuk tandas

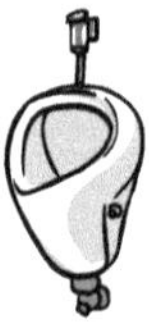

د متيازو ځای

tandas awam

تشناب کاغذ

kertas tandas

د تشناب برس

berus tandas

د غاښونو برس

berus gigi

د غاښونو کريم

ubat gigi

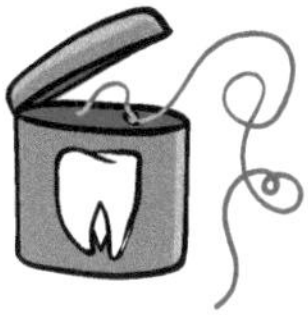

د غاښونو نخ

flos gigi

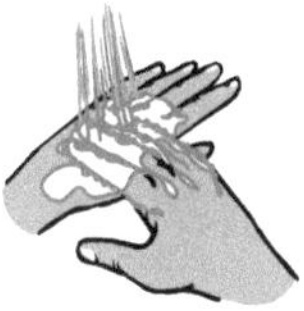

مینځل

cuci

لاسي شاور

mandian tangan

دوش

pancuran

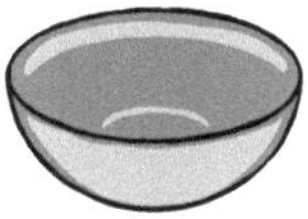

خانک

besen

د شا برس

belakang berus

صابون

sabun

د شاور ژل

gel mandian

شامپو

syampu

فلانل جامه

flanel

وچول

longkang

کريم

krim

سپری

deodoran

آینه

cermin

لاسي آینه

cermin tangan

ریزر

pisau cukur

د خریلو فوم

busa cukur

د خریلو وروسته

selepas cukur

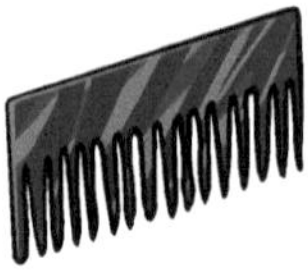

ګمنځ

sikat

برس

berus

د ویښتانو وچونکی

pengering rambut

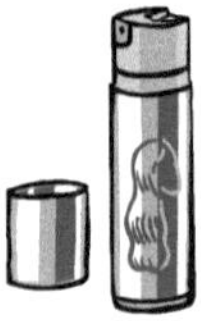

د ویښتانو سپری

semburan rambut

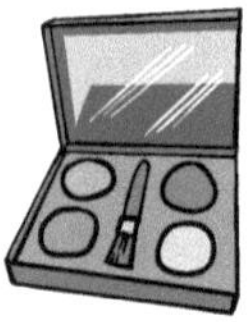

میک اپ

mekap

لیپ سټیک

gincu

د نوکانو پالش

varnis kuku

کاټن وړی

bulu kapas

ناخن ګیر

gunting kuku

عطر

pewangi

د مینځلو کڅوړه

beg basuhan

سټول

bangku

د وزن کولو تله

skala berat

د حمام پوښاک

jubah mandi

د ربړ دستکش

sarung tangan getah

ټامپون

kapas

صحیی جان پاک

tuala wanita

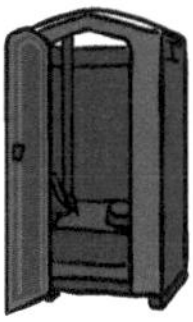

کیمیکل تشناب

tandas kimia

د ماشوم خونه
bilik kanak-kanak

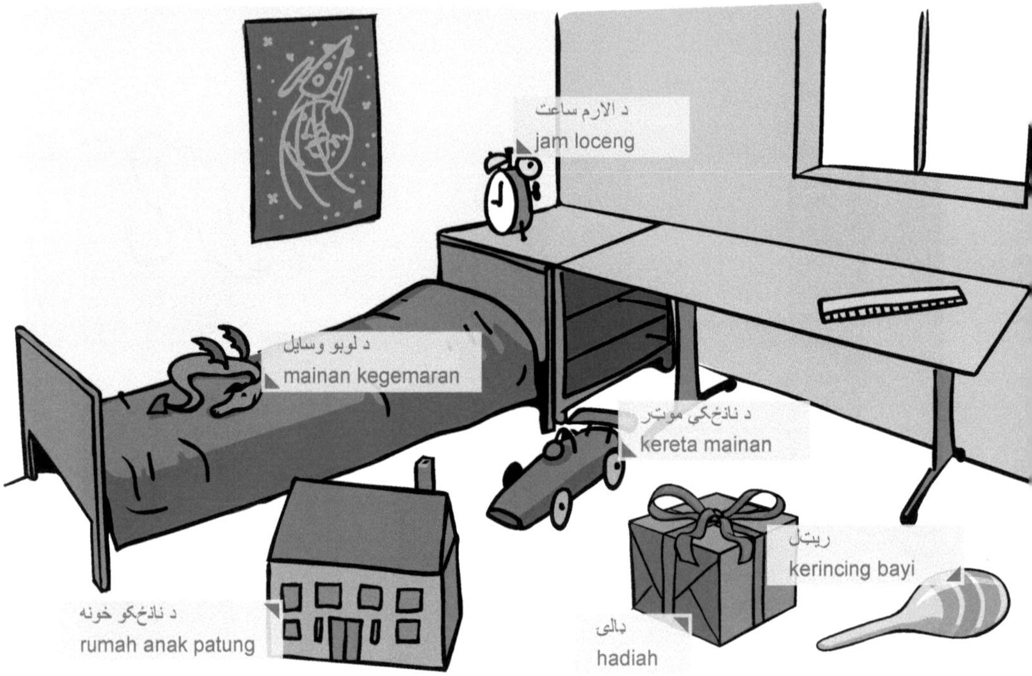

بالون

belon

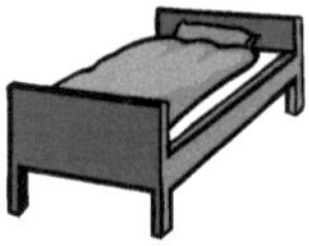

تخت

katil

کالسکه

kereta sorong bayi

د لوبو ورقې

set kad

جیګسا

susun suai gambar

مسخره

komik

لیګو بریک

batu bata lego

د ناڅکو بلاک

blok mainan

د اکشن فیګور

figura aksi

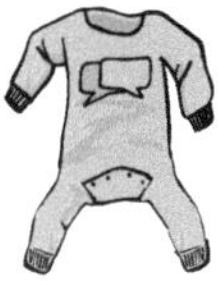

د ماشوم پوښاک

baju bayi

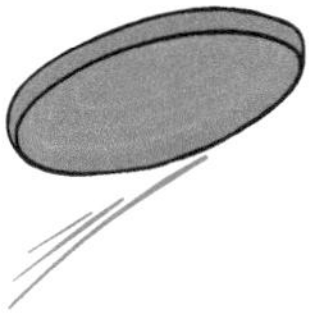

فریزبي

frisbee

موبایل

mainan bayi mudah alih

بورډ لوبه

permainan papan

تاس

dadu

ماډل ریل سیټ

set model kereta api

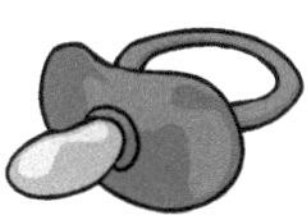

ګونګشی

palsu

پارټي

parti

د عکسونو البوم

buku bergambar

بال

bola

ناڅکه

anak patung

لوبیدل

main

د شګو کنده

lubang pasir

سوینګ

buai

نانځکي

mainan

د ویډیو لوبو کنسول

konsol permainan video

ټرای سایکل

basikal roda tiga

ګوډګه

anak patung beruang

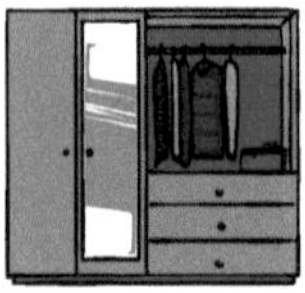

د کالو الماری

almari pakaian

پوښاک

pakaian

جرابې

stoking

لوړې جرابې

stoking

ټایټس

ketat

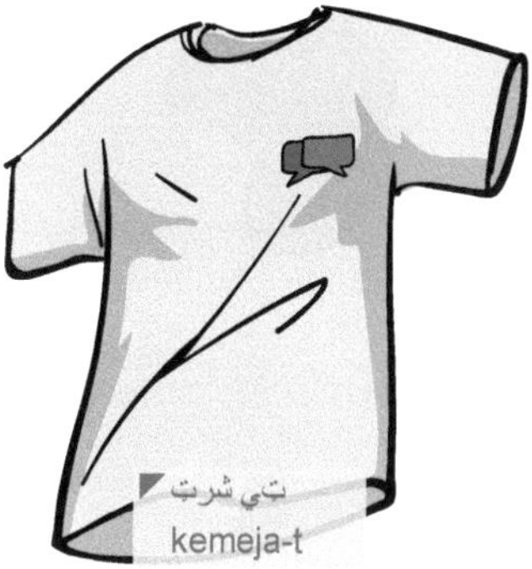

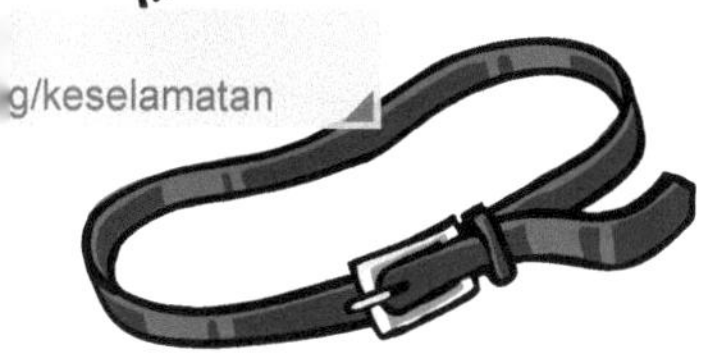

سینډل

sandal

بوټان

kasut

د ربړ بوټان

but getah

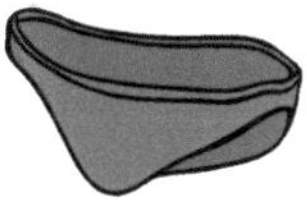

زیرنیکري

seluar dalam

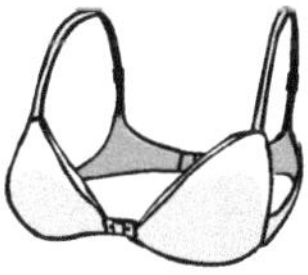

سینه بند

coli

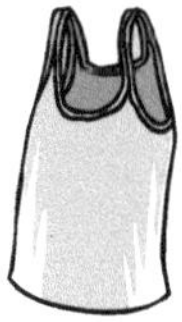

واسکټ

ves

بادي

badan

پتلون

Seluar panjang

جينز

jean

لمن

skirt

بلاوز

blaus

شرټ

kemeja

بنيان

baju panas sarung

سويټر

sweater

بليزر

blazer

جاکټ

jaket

کوټ

kot

د باران کوټ

baju hujan

پوښاک

kostum

کالي

pakaian

د واده پوښاک

baju pengantin

دريشي

sut

د شپې پوښاک

baju tidur

پاجامه

baju tidur

ساړي

sari

لوپټه

skarf kepala

پټکی

serban

برقه

burqa

کفتن

kaftan

عبا

abaya/jubah

د لامبو پوښاک

baju renang

نیکر

seluar renang

شارټ

seluar pendek

د ځغاستې پوښاک

sut balapan

پیش بند

apron

دستکش

sarung tangan

بټن

butang

عینک

cermin mata

لاس بند

gelang tangan

غاړه کی

rantai leher

ګوتمه

cincin

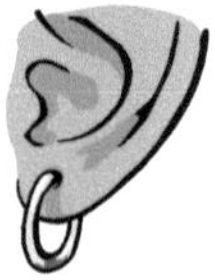

غوږوالی

subang

خولی

topi

کوټ بند

penyangkut kot

خولی

topi

ټایی

tali leher

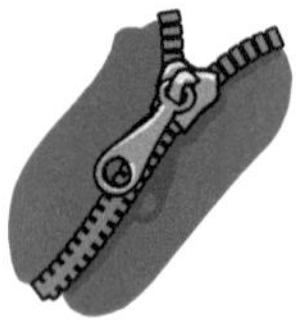

ځنځیر

zip

هیلمیټ

topi keledar

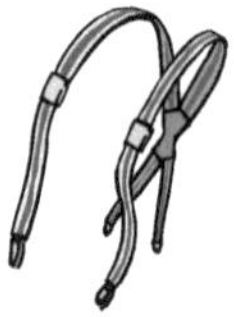

تړونکی

pendakap

د ښوونځي یونیفارم

uniform sekolah

یونیفارم

seragam

بیب
lapik dada

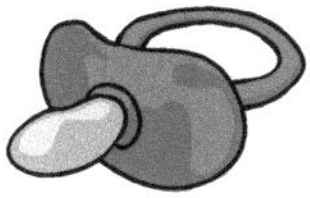

ګونګشی
palsu

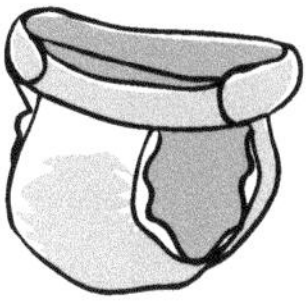

نیپي
lampin

دفتر
pejabat

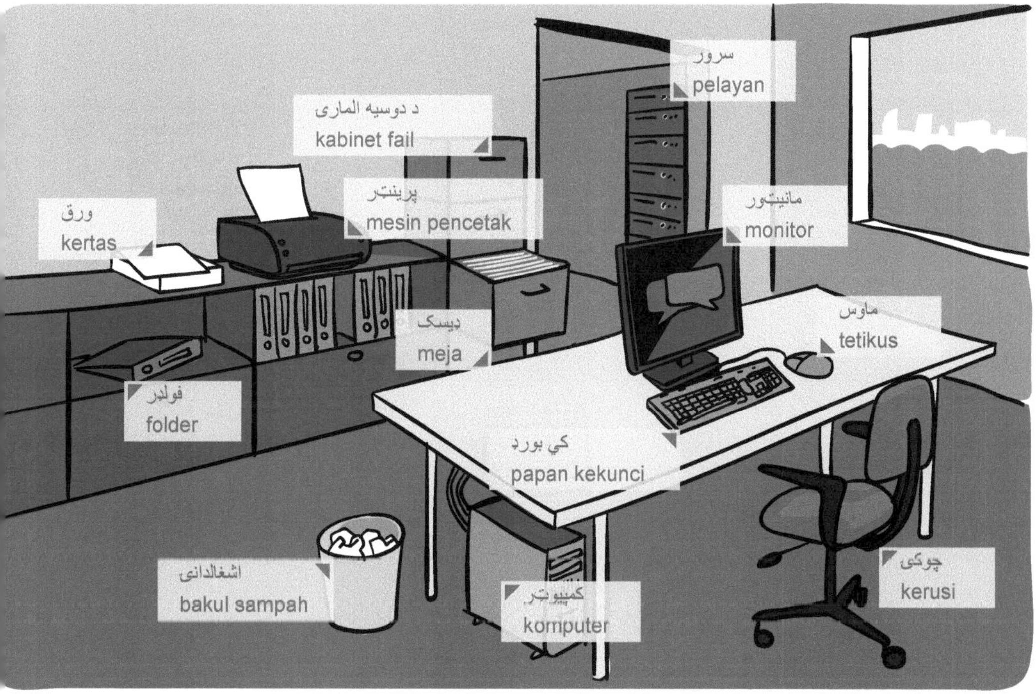

د کافي پياله
cawan kopi

کالکوليټر
kalkulator

انټرنيټ
internet

لپ ٹاپ

komputer riba

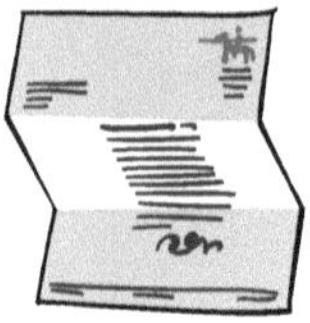

لیٹر

surat

پیغام

mesej

موبایل

mudah alih

نیٹورک

rangkaian

فوٹوکاپیر

mesin fotokopi

سافٹویر

perisian

تلیفون

telefon

پلگ ساکٹ

soket plag

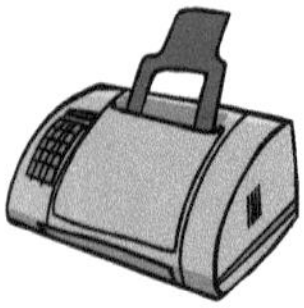

فکس مشین

mesin faks

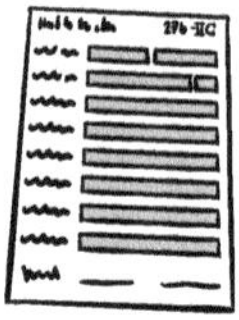

فارم

bentuk

سند

dokumen

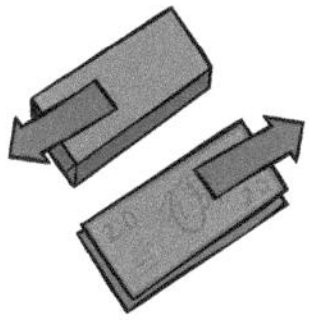

پیرل
....
beli

تادیه کول
....
bayar

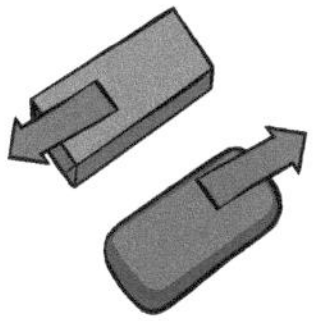

سوداګري کول
....
berdagang

پیسې
....
wang

ډالر
....
dolar

یورو
....
euro

ین
....
yen

ربل
....
rubel

سویسي فرانک
....
franc swiss

رینمینبي یوان
....
renminbi yuan

روپۍ
....
rupee

د نغدي پیسو ځای
....
mata tunai

د اسعارو د تبادلي دفتر

pejabat tukaran mata wang

سره زر

emas

سپین زر

perak

تیل

minyak

انرژي

tenaga

نرخ

harga

قرارداد

kontrak

مالیه

cukai

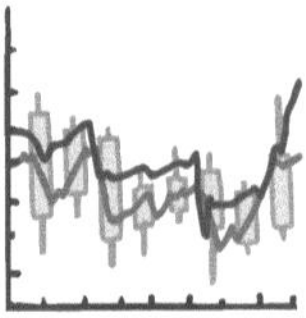

اسهام

stok

کار کول

kerja

کارمند

pekerja

کار ګومارونکی

majikan

فابریکه

kilang

پلورنځی

kedai

مسلکونه
pekerjaan

باغوان

tukang kebun

نجار

tukang kayu

خیاط

tukang jahit

قاضي

hakim

کیمیا پوه

ahli kimia

د فلم لوبغاړی

pelakon

د بس ډرایور

pemandu bas

د ټېکسي ډرایور

pemandu teksi

کب نیونکی

nelayan

خدمه

wanita pencuci

بام جوړونکی

kasau

پېشخدمت

pelayan

ښکاري

pemburu

نقاش

pelukis

نانوا

bakeri

د برښنا کارکونکی

juruelektrik

تعمیر جوړونکی

pembangun

انجنیر

jurutera

قصاب

penjual daging

نلدوان

tukang paip

پوست رسونکی

posmen

سرتیری

askar

مهندس

arkitek

صراف

juruwang

مالیار

kedai bunga

نایی

pendandan rambut

کلینډر

konduktor

میکانیک

mekanik

کپتان

kapten

د غاښونو ډاکټر

doktor gigi

ساینس پوه

ahli sains

ښاغلی

tuhanku

امام

imam

مذهبي نفر

sami

پادري

paderi

لوازم
alat

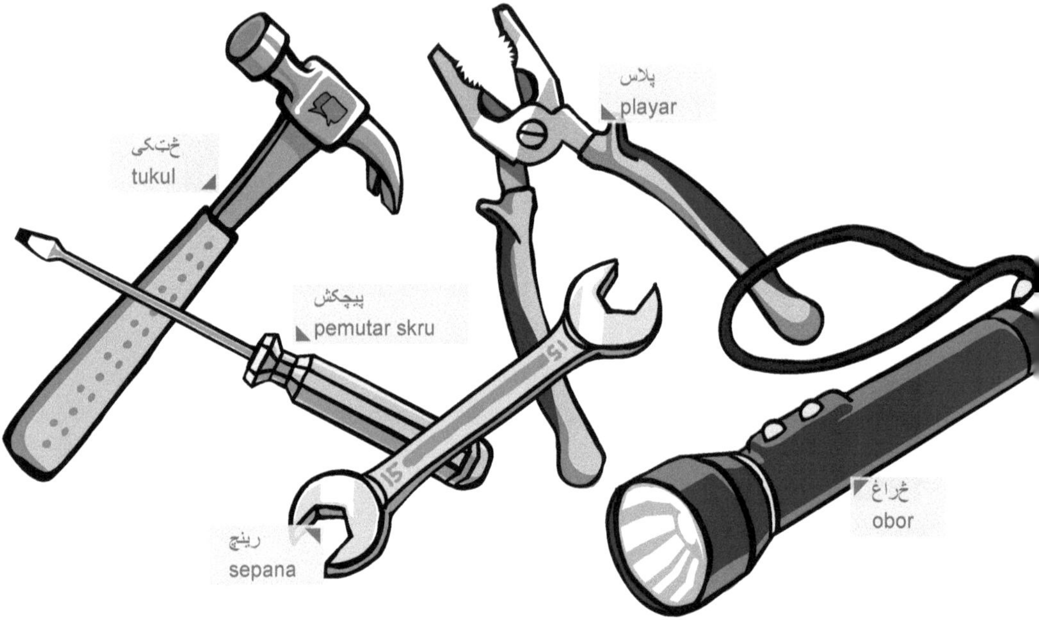

کنستونکی

pengorek

د لوازمو بکس

kotak peralatan

زینه

tangga

اره

gergaji

میخونه

kuku

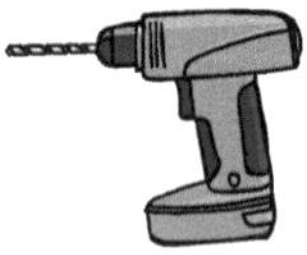

برمه

gerudi

ترمیم کول

baiki

بیل

penyodok

لعنت!

Celaka!

خاک انداز

penadah sampah

مشواڼی

periuk cat

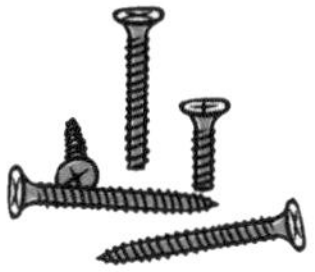

پیچونه

skru

د میوزیک آلات

alat muzik

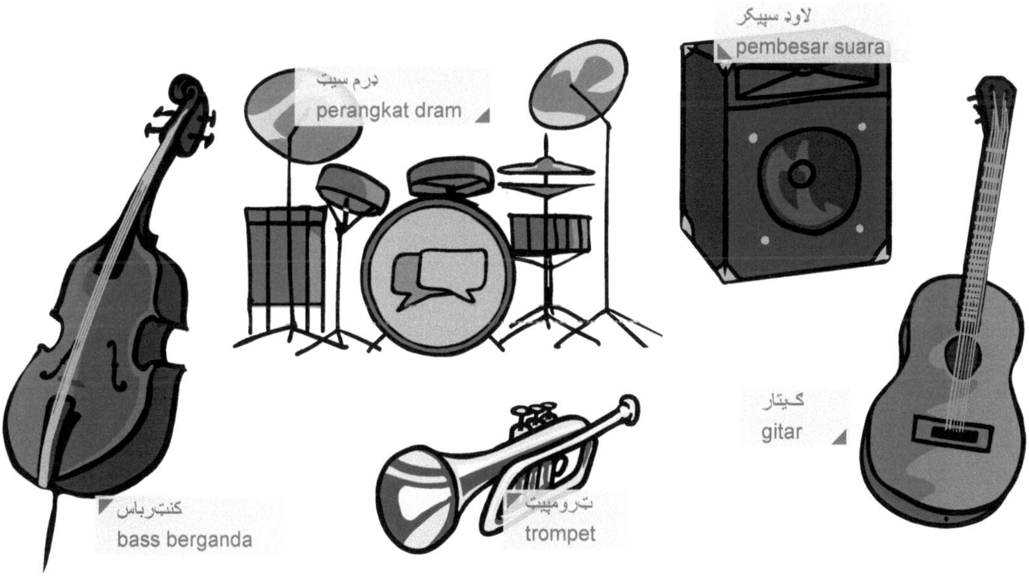

پیانو

piano

وایلن

biola

باس

bass

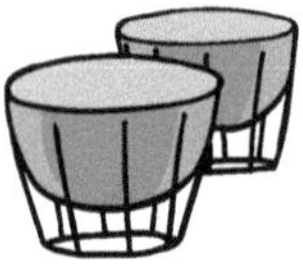

نغاره

timpani

ډرمونه

dram

کي بورډ

papan kekunci

سیکسافون

saksofon

شپیلی

seruling

مایکروفون

mikrofon

ژوبڼ

zoo

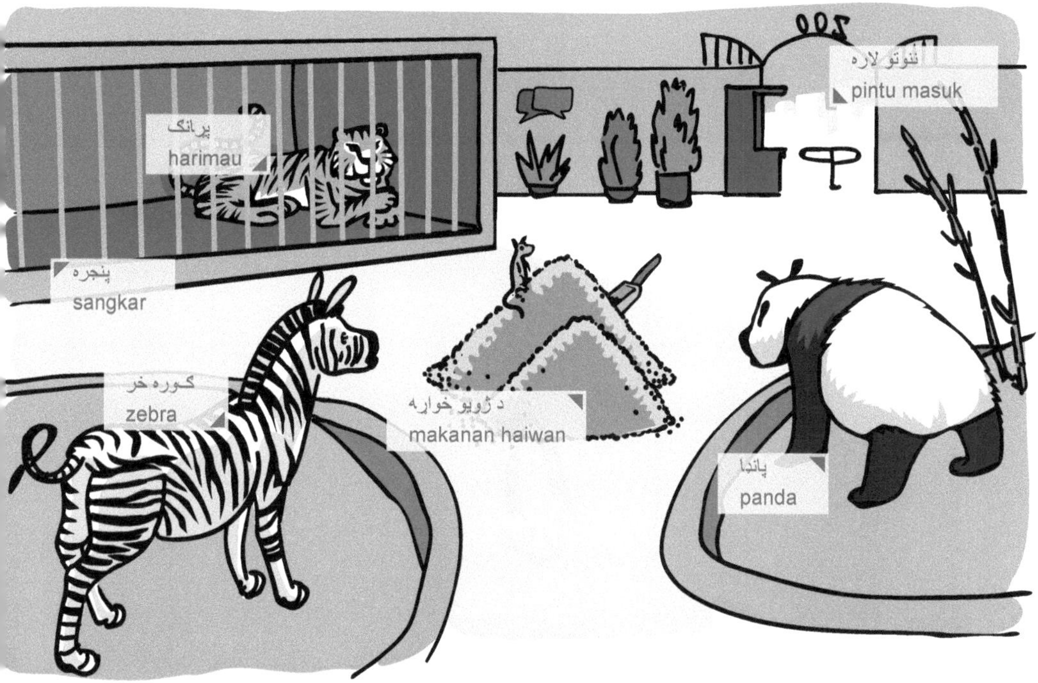

ژوی

haiwan

هاتي

gajah

کنګرو

kanggaru

د اوبو اسپ

badak sumbu

ګوریلا

gorila

ایږه

beruang

اوښ

unta

شترمرغ

burung unta

زمرى

singa

بيزو

monyet

غزى

flamingo

طوطي

nuri

قطبي ايږه

beruang kutub

پينګوين

penguin

شارک

yu

طاوس

merak

مار

ular

تمساح

buaya

ژوبڼ ساتونکى

penjaga zoo

سيل

anjing laut

جګوار

jaguar

یابو

kuda

پړانګ

harimau

هیپو

badak air

زرافه

zirafah

باز

helang

نرخوګ

babi jantan

کب

ikan

شمشتۍ

penyu

سمندري نولی

anjing laut

ګیدړه

musang

هوسۍ

rusa

ورزش
sukan

فټبال

bola sepak

کسیزه

badminton

د ځغاستي لوبي

olahraga

د هندبال

bola baling

سکي

ski

پولو

polo

aktiviti

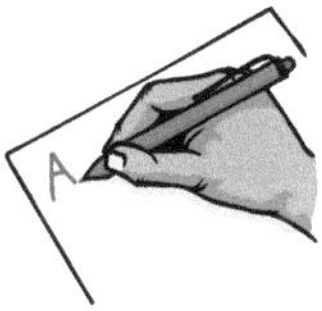

ليکل
tulis

کښل
lukis

ښودل
tunjuk

ټېله کول
tolak

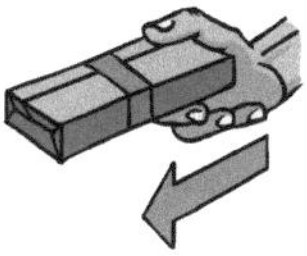

ورکول
beri

اخيستل
ambil

درلودل

....

ada

کول

....

buat

پاییدل

....

ialah

ودریدل

....

berdiri

منډې وهل

....

lari

راکښل

....

tarik

گوزارل

....

buang

لویدل

....

jatuh

څملاستل

....

tipu

انتظار کول

....

tunggu

وړل

....

bawa

کښیناستل

....

duduk

پوښاک اغوستل

....

pakai

ویده کیدل

....

tidur

پاڅیدل

....

bangkit

کتل

lihat pada

ژړل

menangis

برید کول

strok

ګمنځ کول

sikat

خبري کول

cakap

پوهیدل

faham

غوښتل

tanya

اوریدل

dengar

څښل

minum

خوړل

makan

پاکول

mengemas

مینه کول

sayang

پخلی کول

masak

موټر چلول

pandu

الوتل

terbang

بیړی چلول

belayar

حساب

kira

لوستل

baca

زده کول

belajar

کار کول

kerja

واده کول

nikah

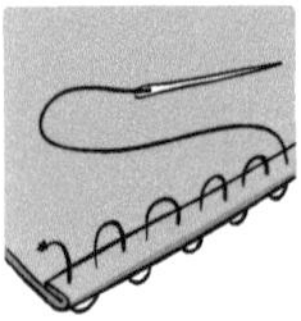

گنډل

jahit

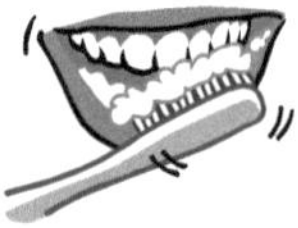

د غاښونو برس کول

memberus gigi

وژل

bunuh

سگرټ څښل

asap

لیږل

hantar

keluarga

ميلمه
....
tetamu

ترور
....
mak cik

کاکا/ماما
....
pak cik

ورور
....
abang

خور
....
kakak

بدن

badan

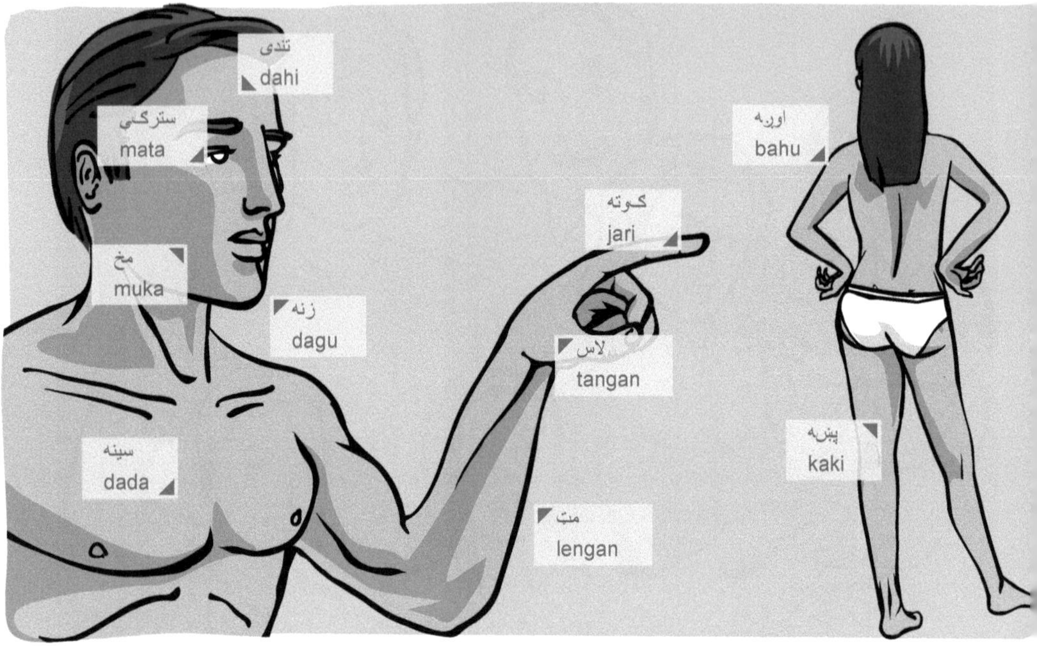

ماشوم

bayi

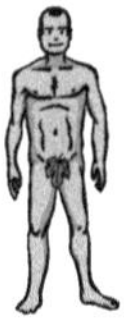

سړی

lelaki

ښځه

wanita

انجلۍ

perempuan

هلک

lelaki

سر

kepala

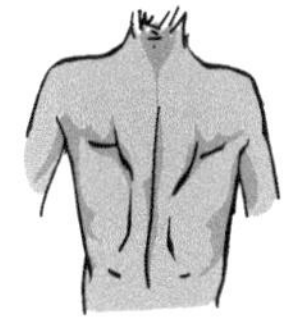

شا

belakang

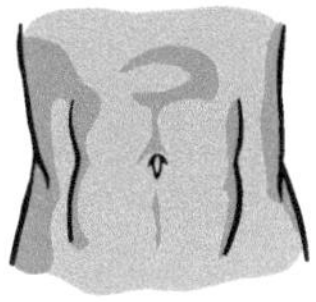

خېټه

bawah perut

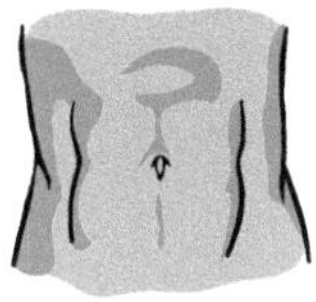

نوم

pusat

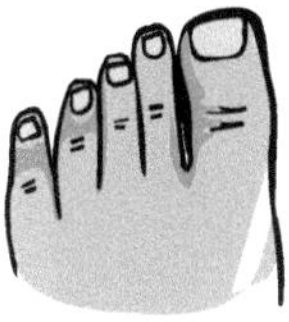

د پښې ګوته

jari kaki

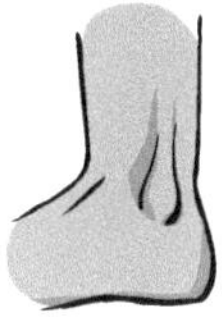

پونده

tumit

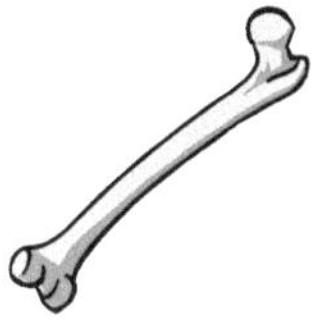

هډوکی

tulang

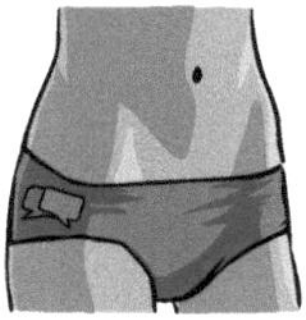

کوناټې

pinggul

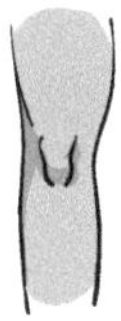

زنګون

lutut

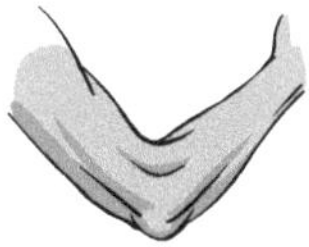

څنګل

siku

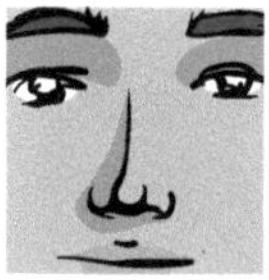

پوزه

hidung

لاندې برخه

bawah

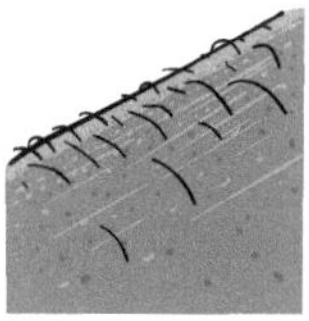

پوټکی

kulil

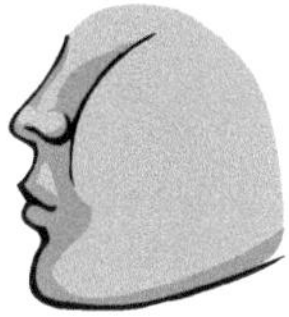

غومبوری

pipi

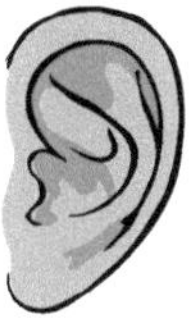

غوږ

telinga

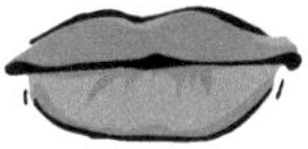

شونډه

bibir

خوله
....
mulut

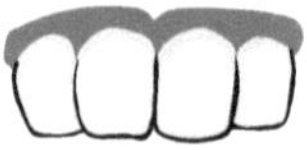

غاښ
....
gigi

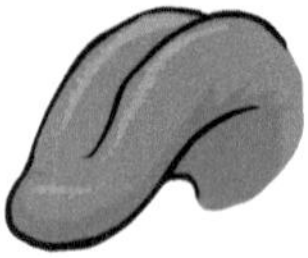

ژبه
....
lidah

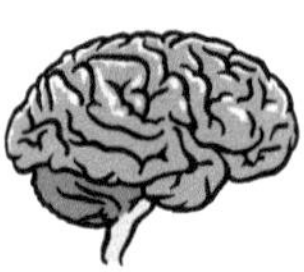

مغز
....
otak

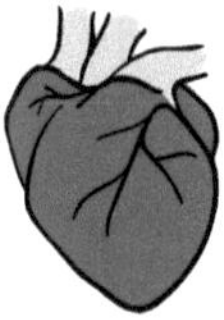

زړه
....
hati

عضله
....
otot

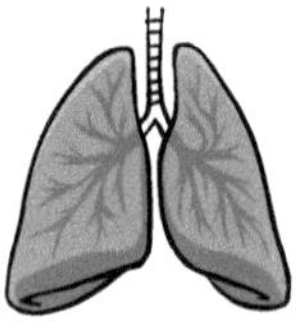

سږی
....
paru-paru

ځیګر
....
hati

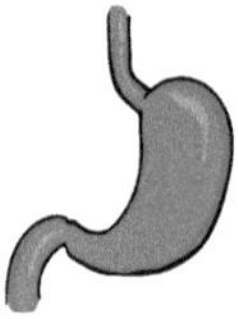

معده
....
perut

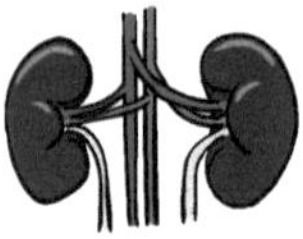

پښتورګي
....
buah pinggang

جنسي نږدې والی
....
seks

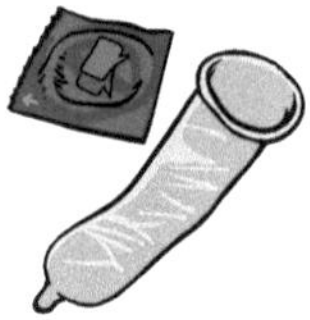

کاندوم
....
kondom

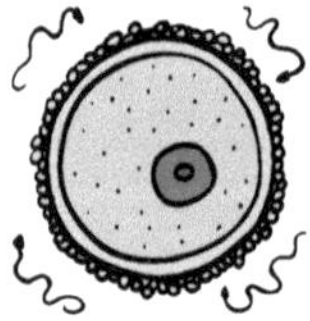

تخمه
....
faraj

مني
....
mani

حمل
....
mengandung

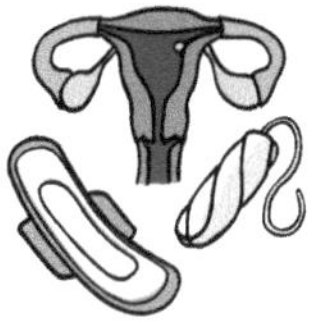

حيض

haid

مهبل

faraj

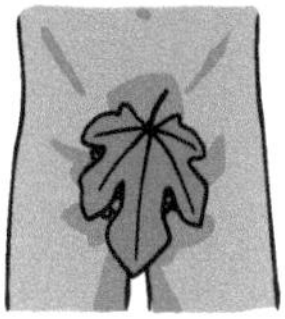

د نارينه تناسلي آله

penis

وروځې

kening

ویښته

rambut

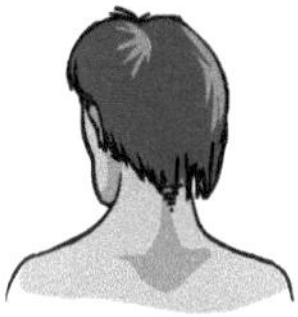

غاړه

leher

روغتون

hospital

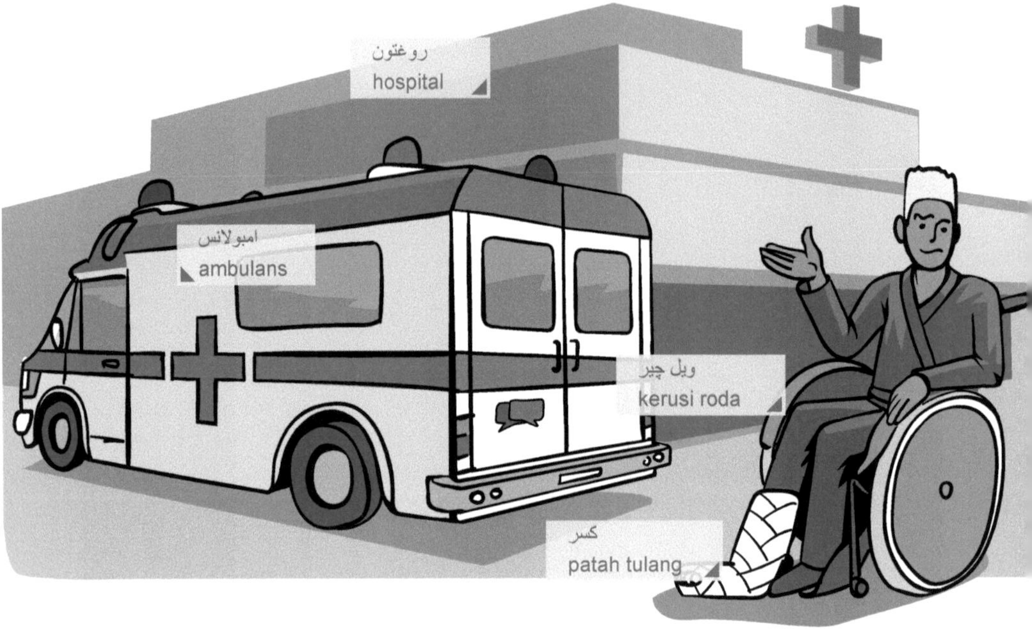

داکتر

doktor

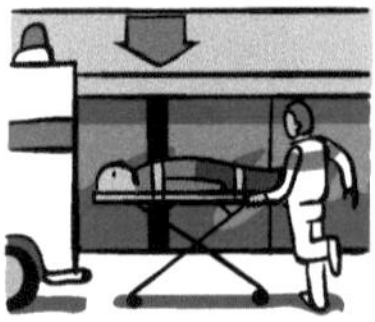

عاجل خونه

bilik kecemasan

رنځورپال

jururawat

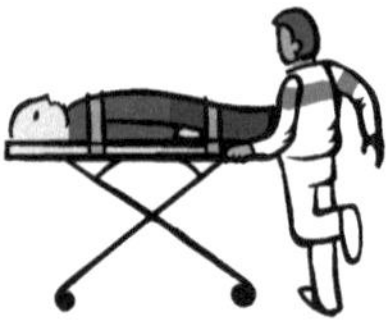

عاجل

kecemasan

بي هوش

tak sedar

درد

sakit

ټپ
....
kecederaan

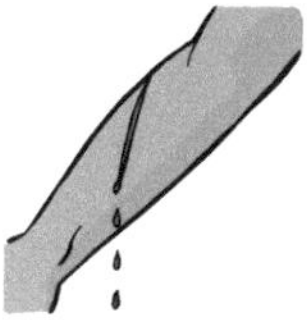

وینه تویدل
....
pendarahan

د زړه حمله
....
serangan jantung

ضرب
....
strok

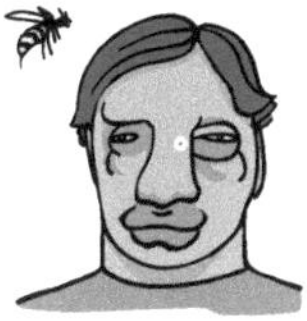

حساسیت
....
alergi

ټوخی
....
batuk

تبه
....
demam

انفلوینزا
....
selesema

نس ناستی
....
cirit-birit

سر درد
....
sakit kepala

سرطان
....
kanser

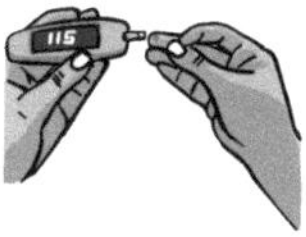

شکر
....
diabetes

جراح
....
pakar bedah

سکالپل
....
pisau bedah

عملیات
....
pembedahan

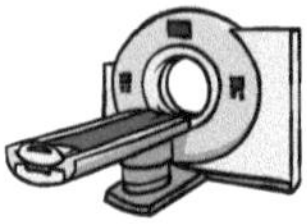

سي.ټي

CT

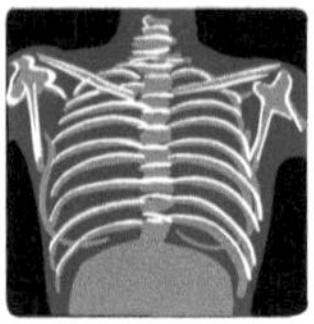

ايکس رې

x-ray

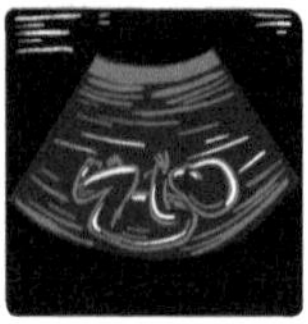

الټراساونډ

ultrabunyi

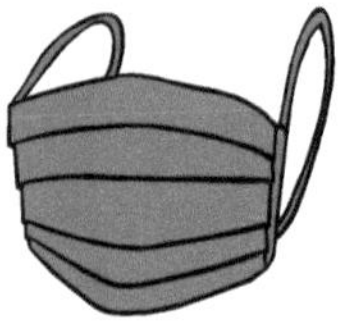

د مخ ماسک

topeng muka

ناروغي

penyakit

انتظار خونه

bilik menunggu

امسآ

penongkat

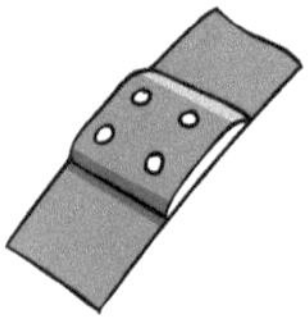

پلستر

plaster

بنداژ

pembalut

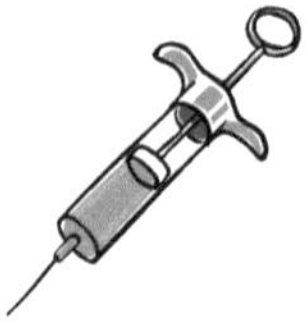

تزريق

suntikan

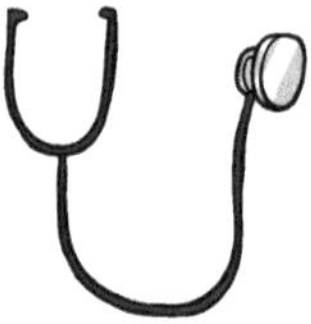

ستاتسکوپ

stetoskop

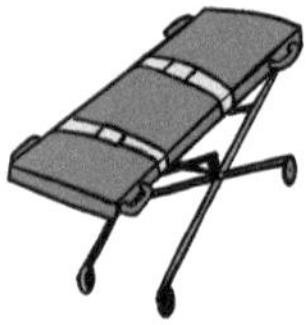

تسکيره

pengusung

کلينکي ترماميټر

termometer klinik

زيږون

kelahiran

زيات وزن

berat badan berlebihan

د اوریدو مرسته
....
alat pendengaran

د عفونیت څخه پاکونکي مواد
....
disinfektan

عفونیت
....
jangkitan

ویروس
....
virus

ایچ.آی.وی/ایډز
....
HIV / AIDS

درمل
....
perubatan

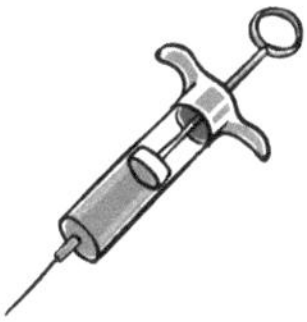

واکسین
....
vaksinasi

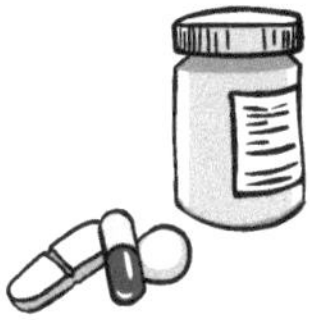

ټابلیټس
....
tablet

ګولی
....
pil

عاجل تلیفون
....
panggilan kecemasan

د ویني د فشار څارونکی
....
pantau tekanan darah

ناروغ/روغ
....
sakit / sihat

عاجل

kecemasan

مرسته!

Tolong!

الارم

penggera

یرغل

serang

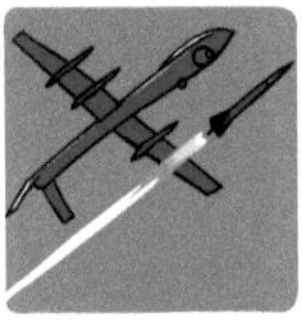

برید

serangan

خطر

bahaya

عاجل لاره

pintu kecemasan

اور!

Api!

د اور وژونکی

alat pemadam api

پیښه

kemalangan

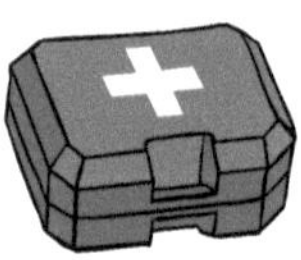

د لومړی مرستې لوازم

alat pertolongan cemas

ایس.او.ایس

SOS

پولیس

polis

ځمکه
bumi

اروپا

Eropah

شمالي امريکا

Amerika Utara

سهيلي امريکا

Amerika Selatan

افريقا

Afrika

آسيا

Asia

آسټرېليا

Australia

اتلانتيک

Atlantic

پاسيفيک

Pasifik

د هند بحر

Lautan Hindi

جنوبي منجمد بحر

Lautan Antartik

د شمال قطب بحر

Lautan Artik

شمالي قطب

Kutub utara

سهيلي قطب

Kutub Selatan

انټارکټيکا

Antartika

ځمکه

bumi

ځمکه

tanah

بحر

laut

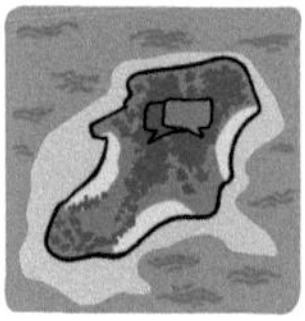

ټاپو

pulau

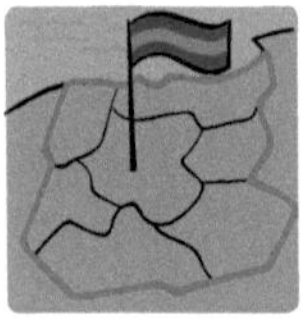

ملت

negara

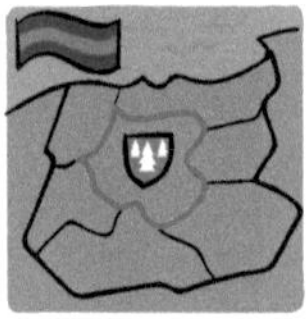

دولت

negeri

ساعت

jam

د مخي ساعت

muka jam

د ساعت ستنه

tangan jam

د دقيقي ستنه

tangan minit

د ثانيې ستنه

terpakai

څه وخت دی؟

Jam berapa sekarang

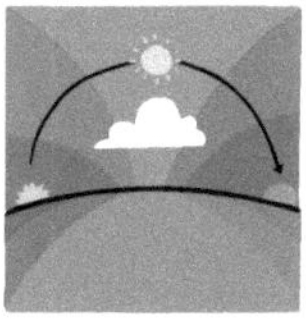

ورځ

hari

وخت

masa

اوس

sekarang

ډيجيټل ساعت

jam digital

دقيقه

minit

ساعت

jam

اونۍ

minggu

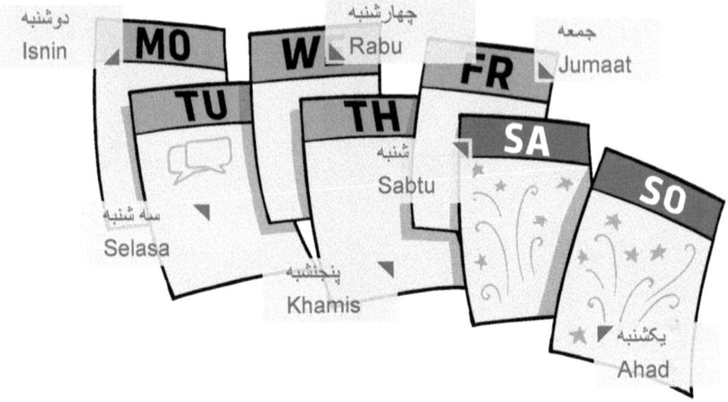

پرون

semalam

نن

hari ini

سبا

esok

سهار

pagi

غرمه

tengah hari

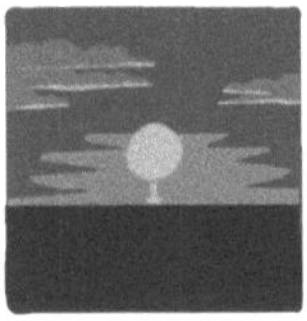

ماښام

petang

کاري ورځې

hari kerja

د اونۍ پای

hari minggu

کال

tahun

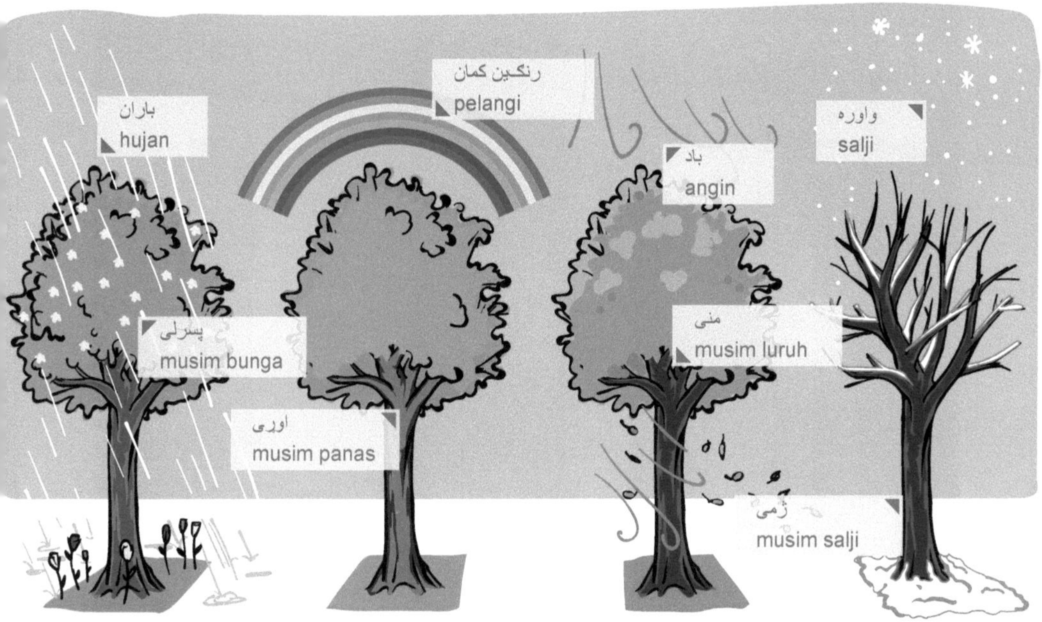

د موسم وړاندوينه

ramalan cuaca

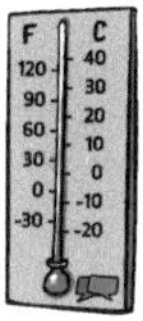

ترموميټر

termometer

د لمر وړانګې

sinar matahari

وريځ

awan

لړه

kabus

رطوبت

lembapan

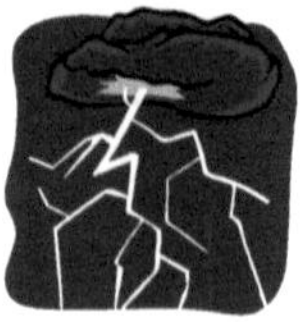

رڼا
....
kilat

تندر
....
petir

توفان
....
ribut

ږلۍ ورېدل
....
hujan batu

مون سون باران
....
monsun

سیلاب
....
banjir

یخ
....
ais

جنوري
....
Januari

فبروري
....
Februari

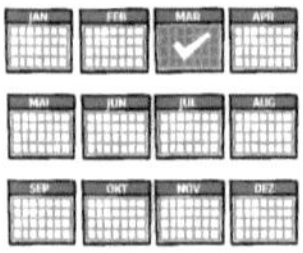

مارچ
....
Mac

اپریل
....
April

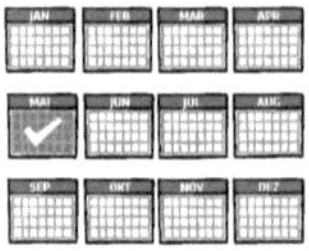

مۍ
....
Mei

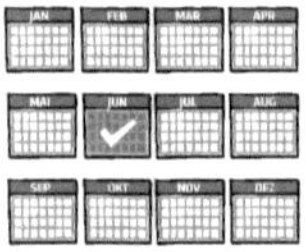

جون
....
Jun

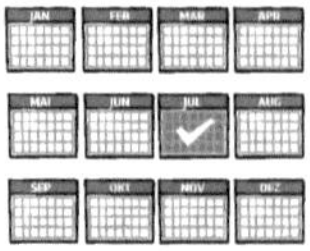

جولای
....
Julai

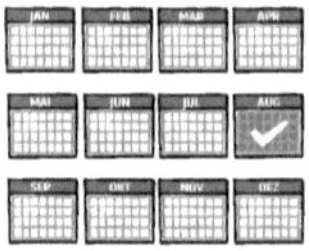

اګست
....
Ogos

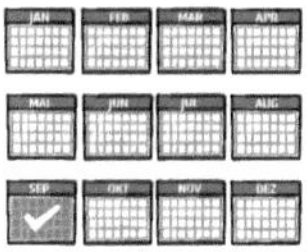

سپتمبر

September

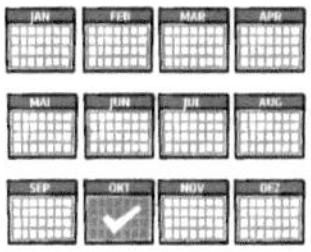

اکتوبر

Oktober

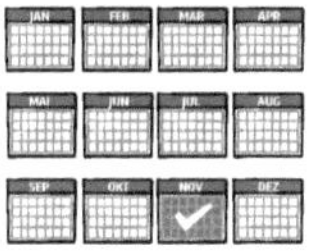

نومبر

November

دسمبر

Disember

شکلونه

bentuk

دایره

bulatan

مربع

petak

مستطیل

segi empat tepat

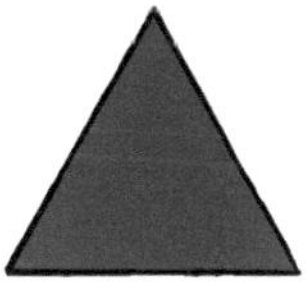

مثلث

segitiga

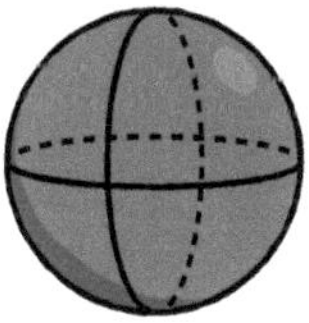

توپ

sfera

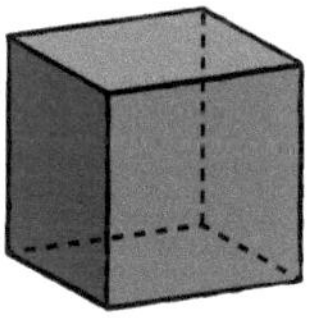

قال

kiub

رنګونه

warna

سپین

putih

ژیړ

kuning

نارنجي

oren

ګلابي

merah jambu

سور

merah

ارغواني

ungu

نیلي

biru

شین

hijau

نسواري

coklat

خړ

kelabu

تور

hitam

متضاد

berlawanan

خورا ډیر/خورا لږ
....
banyak / sedikit

قار/ارام
....
marah / tenang

ښکلی/بدشکله
....
cantik / hodoh

پیل/پای
....
bermula / tamat

لوی/کوچنی
....
besar kecil

روښانه/تیاره
....
terang / gelap

ورور/خور
....
abang / kakak

پاک/ککړ
....
bersih / kotor

مکمل/نامکمل
....
lengkap / tidak lengkap

ورځ/شپه
....
hari / malam

مړ/ژوندی
....
mati / hidup

پراخه/نری
....
luas / sempit

د خوراک وړ/نه خوړل کیدونکی
....
boleh dimakan / tidak boleh dimakan

بد/مهربان
....
jahat / baik

پاریدلی/بې خونده
....
teruja / bosan

چاق/وچ
....
gemuk / kurus

لومړی/وروستی
....
pertama / terakhir

ملګری/دښمن
....
kawan / musuh

ډک/تش
....
penuh / kosong

سخت/نرم
....
keras / lembut

دروند/سپک
....
berat / ringan

لوږه/تنده
....
lapar / dahaga

ناروغ/روغ
....
sakit / sihat

غیرقانوني/قانوني
....
menyalahi undang-undang / undang-undang

هوښیار/ساده
....
pintar / bodoh

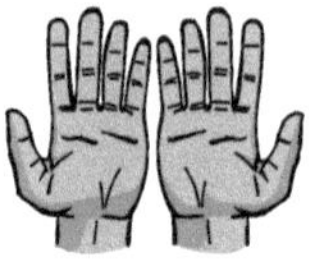

کیڼ/ښي
....
kiri / kanan

نږدې/لرې
....
dekat / jauh

نوی/زوړ

baru / lama

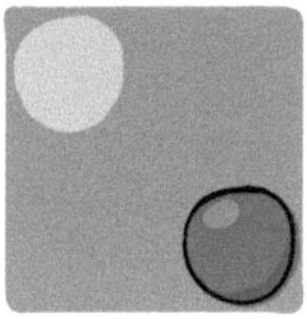

هیڅ/یوڅه

tiada / sesuatu

بډا/ځوان

tua / muda

چالان/بند

hidup / mati

خلاص/تړلی

terbuka / tertutup

غلی/لوړ غږ

diam / bising

بډایه/غریب

kaya / miskin

صحیح/غلط

betul / salah

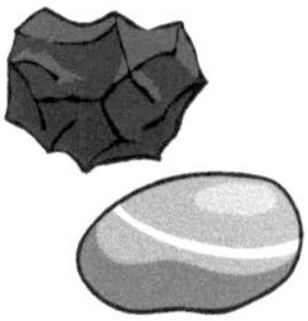

زیږ/ملایم

kasar / halus

خفه/خوښ

sedih / gembira

لنډ/اوږد

pendek / panjang

سست/ګړندی

lambat / laju

لوند/وچ

basah / kering

ګرم/یخ

panas / sejuk

جګړه/سوله

berperang / berdamai

شميرې

nombor

0

صفر

sifar

1

يو

satu

2

دوه

dua

3

درې

tiga

4

څلور

empat

5

پنځه

lima

6

شپږ

enam

7

اوه

tujuh

8

اته

lapan

9

نهه

sembilan

10

لس

sepuluh

11

يولس

sebelas

12	**13**	**14**
دولس	دیارلس	څوارلس
dua belas	tiga belas	empat belas
15	**16**	**17**
پنځلس	شپاړس	وولس
lima belas	enam belas	tujuh belas
18	**19**	**20**
اتلس	نولس	شل
lapan belas	Sembilan belas	dua puluh
100	**1.000**	**1.000.000**
سل	زر	میلیون
ratus	ribu	jula

ژبي

bahasa-bahasa

انګلسي
....
Bahasa Inggeris

امریکایی انګلسي
....
Bahasa Inggeris Amerika

چینایی مندرین
....
Bahasa Cina Mandarin

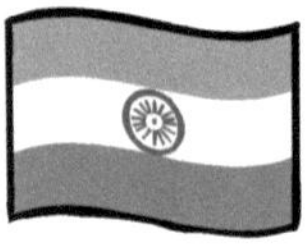

هندي
....
Bahasa Hindi

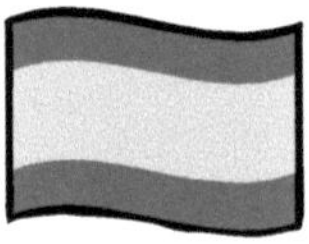

هسپانوي
....
Bahasa Sepanyol

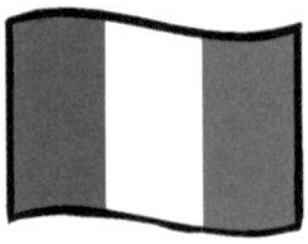

فرانسوي
....
Bahasa Perancis

عربي
....
Bahasa Arab

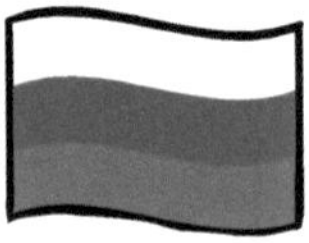

روسي
....
Bahasa Rusia

پرتګالي
....
Bahasa Portugis

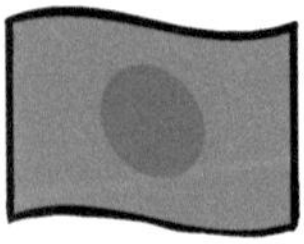

بنګالي
....
Bahasa Benggali

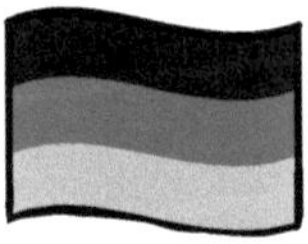

آلماني
....
Bahasa Jerman

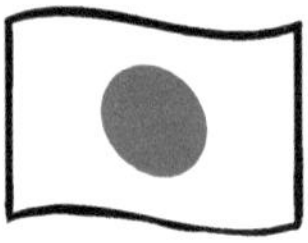

جاپاني
....
Bahasa Jepun

siapa / apa / bagaimana

زه
....
saya

ته
....
anda

هغه/دغه/دا
....
dia / dia / ia

موږ
....
kita

تاسي
....
anda

دوی/هغوی
....
mereka

څوک؟
....
siapa?

څه؟
....
apa?

څنګه؟
....
bagaimana?

چيرې؟
....
di mana?

کله؟
....
bila?

نوم
....
nama

چیرې
di mana

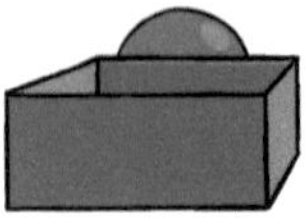

شاته

belakang

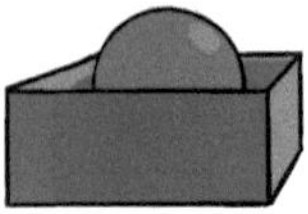

په

dalam

په مخه کي

di hadapan

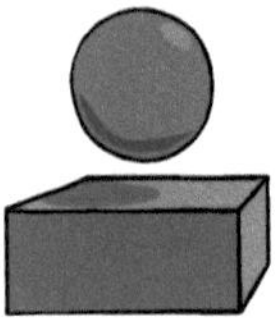

باندي

lebih

په

pada

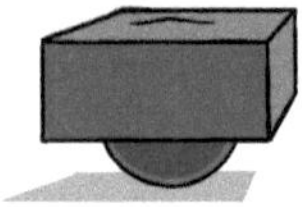

لاندي

di bawah

برسيره پر

bersebelahan

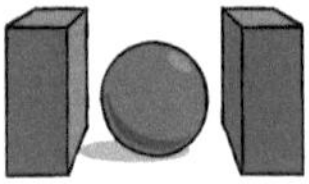

ترمينځ

antara

ځای

tempat